万物有
美食的秘密
秘密

邓　娟 ○ 编著

华东师范大学出版社
·上海·

目录

contents

吃了年糕年年高

年糕是中国南方人过年必备的节日食品，其由来和伍子胥有关。

春秋末期，诸侯称霸，为了防止侵略，伍子胥带人修筑城墙。城墙修好后，他对心腹说："当国家有难，百姓忍饥挨饿时，在城墙下掘土数尺，自可找到食物。"后来，战争爆发，百姓被困。有人暗中挖开城墙，发现了糯米砖石，便用它制成糕点，渡过了难关。

此后，人们在腊月里用糯米制成年糕来祭祀伍子胥，并寓意"年年步步登高"。

开始做年糕吧

准备"年糕米"

将糯米、粳米按比例搅拌在一起。

不能多

糯米

不能少

粳米

淘米晾干

将米用水浸泡10分钟左右，
同时搅拌让米吸足水分。

把浸泡过的"年糕米"
清洗干净，除去杂质后
倒入干净的竹筛（shāi）
内，晾至不滴水。

推磨

添磨

磨米粉

让年糕口感细腻有嚼劲的秘密就
在石磨里。一副传统磨子需要多
个人配合使用。

上蒸

在米粉中加入冷水，搅拌成粉团。然后在蒸箅（bì）上铺一块纱质的"蒸饭帕"，把粉团摊在上面，并撒上一把盐，蒸煮到熟透。

 **打年糕**

◁ 将蒸熟的米粉放入石臼（jiù）内打制成年糕，这需要拨蒸和打糕的人密切配合。

◁◁ 再将打好的年糕团从石臼中"挖"出来，放在做糕板上，双手用力把年糕团压制成一面大铜锣的形状。

"糕面上抹上一点食用油，年糕会更光滑、细腻。"

6 切年糕

年糕摊凉后切成条状，盖上纱布，
放到阴凉处晾干。

年糕的历史

汉朝对米糕有"稻饼""饵"
等多种称呼。汉代扬雄的《方言》
一书中就有"糕"的称谓，魏晋
南北朝时已流行把这种白色长条
食物叫作"糕"。古人对米糕的
制作经历了从米粒糕到粉糕的发
展过程。公元6世纪的食谱《食
次》中就载有年糕（"白茧糖"）
的制作方法：将糯米蒸熟以后，
趁热舂成米粢粞，然后切成桃核
大小，晾干后油炸，滚上糖即可
食用。明清时期，年糕已发展成
市面上一种常年供应的小吃，并
有南北风味之别。

7 浸年糕

一周后，将年糕放进缸里浸水（最好用
冬水，即立春之前的水）储藏起来，最
后用竹匾（biǎn）盖住缸口就好啦！

小饺子 包着好彩头

　　据记载，过年吃饺子的习俗是从明朝开始的。明代宫廷会在正月初一吃水点心（饺子），还会把钱币包进饺子里，讨个好彩头，以此庆祝新年。

　　到了清朝，过年吃饺子的习俗流传开来。人们会在除夕这天包好足够多的饺子，等到夜里子时围在一起吃饺子。我们如今过年吃饺子的习俗就是传承于此。

　　清朝有关史料中记载："每年初一，无论贫富贵贱，皆以白面做饺食之……"这说明新春佳节时许多地方家家都爱包饺子、吃饺子，以示辞旧迎新。

制作饺子馅

▷ 将韭菜洗干净，沥干水，切碎。

◁◁ 猪肉剁成肉沫，放入韭菜碎，添加适量的油、盐、酱油、白糖以及少量的醋和姜粉，均匀搅拌，饺子馅就做好啦！

剂子

 擀（gǎn）饺子皮

△ 面粉加水揉成面团，把面团搓成粗约 2 厘米的长条，并将其切成 2 厘米左右的剂（jì）子，然后在剂子上撒上一层干面粉。

"左手捏住剂子边缘，右手滚动擀面杖，边擀边转动手中的面片。"

◀◀ 把剂子按扁，拿擀面杖把齐子擀成厚薄均匀的面皮。

饺子的名称

饺子由馄饨演变而来。在其漫长的发展过程中，名目繁多，古时有"牢丸""扁食""饺饵""粉角"等名称。三国时期称作"月牙馄饨"，南北朝时期称"馄饨"，唐代称饺子为"偃月形馄饨"，宋代称为"角子"，元代、明代称为"扁食"，清代则称为"饺子"。

3 包饺子

用勺子取适量的饺子馅，饺子皮摊平在左手手心，馅料一放，右手一捏，面皮封上，饺子就包好了！

"一定要封好口，不然会露馅儿的哟！"

煮饺子

饺子可以煮、煎、蒸、炸、烤、烙，每种做法都有独特的味道，吃的时候也可以搭配自己喜欢的蘸料。

吃饺子

大寒小寒，吃饺子过年！饺子，中国北方民间的主食和地方小吃，也是北方的年节食品。

各种各样的饺子

软乎乎的 汤圆

　　汤圆是中国传统小吃的代表之一，在元宵节吃汤圆，是中华民族的传统习俗。

　　据传，汤圆起源于宋朝，人们用糯米粉做皮，用黑芝麻、猪板油做馅，加入少许白糖，搓成球形。煮熟后的汤圆吃起来香甜软糯，回味无穷。如今，汤圆的馅料种类可荤可素，风味各异。

　　吃汤圆也寓意着在新的一年里合家幸福、团团圆圆。所以，汤圆是正月十五元宵节的必备美食。

准备馅料

准备好花生粒和去杂质的黑芝麻，用电饼铛（chēng）将花生粒、黑芝麻烤熟！

再把烤熟的花生粒和黑芝麻捣（dǎo）碎，加入适量的糖，搅拌均匀。

然后在芝麻花生馅里添加提前溶化好的猪油和少量的水，搅拌均匀使馅"抱"在一起，放进冰箱里冷藏。

和面

▸ 在糯米粉中倒入少许温水，用手
或搅拌工具快速搅拌均匀。

"看我大力出奇迹！"

▽▽ 揉面团。在搅拌过程中少量多次
加入温水，直到面团软硬适中。

▲▲▲ 将揉好的面团搓成粗细均匀的
长条，切成大小适中的剂子。

包汤圆

◂ 用掌心把剂子按压成面皮。

在面皮里放入馅料，收口捏紧后轻轻揉圆。

 煮汤圆

锅里水烧开，慢慢放入汤圆，等汤圆内馅煮透后就可以关火出锅。

"汤圆都浮起来就代表熟了。"

 吃汤圆

汤圆盛出来啦，轻轻咬一口，满嘴都是香味哟！

香香脆脆的 春卷

　　春卷外酥里嫩，馅料满满，是大人和小孩都很喜欢的传统美食之一。"春卷"这个名字的由来，和二十四节气之首的立春有关。在距今1700多年的东晋时期，就有了在立春吃春卷的习俗。人们会把面粉制成薄饼，然后把春天的新鲜蔬菜做成馅料包进去。在清朝宫廷盛宴——"满汉全席"的128种菜点中，春卷是九道主要点心之一呢。

　　如今，我们不用等到立春才能吃上春卷，因为它已经成了我们的日常小吃。

开始做春卷吧

1 制作春卷皮

"放置一会儿可以让面团变得光滑细腻哟。"

先把面粉、盐和开水快速搅拌均匀，再加入冷水揉成面团。给面团盖上保鲜膜，放30分钟后把面团分成小面团，再继续放置5—10分钟。

再把每个小面团擀成一张张圆形面皮，每一张刷一点油，防止面皮粘在一起。

2 准备春卷馅

馅料主要包括新鲜的猪肉、大白菜、韭菜、绿豆芽和姜等。蔬菜洗净后切丝，姜则剁成碎末。

3 炒馅料

▽ 在锅中倒入清水，先焯（chāo）一下
绿豆芽，焯熟后捞出备用。

▶▶ ▶▶

然后在锅中放油，下姜末煸（biān）
香后倒入肉丝，加适量的料酒、
生抽和盐翻炒，再放入大白菜煸
炒至熟。接着倒入少量水淀粉勾
芡（qiàn），最后翻炒一会儿，就
可以出锅放凉备用。

特色春卷

春卷的历史悠久，一
开始叫春饼，到了清代才
出现春卷这个名字。很多
地方都有特色春卷，比如
上海春卷，福建的闽（mǐn）
南春卷和莆田春卷，湖南
的湘宾春卷，湖北的炎陵
春卷，成都的荠菜春卷，
等等。人们会把自己家乡
的特色馅料包进春卷中。

"让一让，大厨驾到！"

包春卷

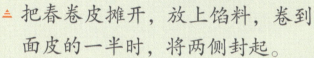

二 把春卷皮摊开，放上馅料，卷到面皮的一半时，将两侧封起。

二二 等快卷到面皮的末端时，抹上鸡蛋液封口。

"香味扑鼻而来！"

炸春卷

倒入小半锅油，把油烧至五成热后放入春卷。春卷被炸到变成金黄色时，捞出沥（lì）油。美味的春卷出锅啦！

清香可口的 粽子

    说到端午节，各地虽然有不同的节庆风俗，但粽子却是大家在这一天共享的美食。

    对于粽子的来源，普遍的说法是爱国诗人屈原投江后，百姓为了不让水里的鱼吃掉他的身体，所以将米团投入江中，后来逐渐演变成了吃粽子纪念屈原的风俗。其实，粽子在屈原之前就已经出现，最初是用来祭祀祖先和神灵的。到了晋代，粽子才成为端午节的节庆食物。

    我们现在就来看看馅料满满的粽子怎么做吧。

1 浸泡粽叶

选择新鲜的芦苇叶或箬（ruò）叶，在清水里泡一个晚上。也有些地方用竹笋壳来包粽子。

2 浸泡糯米和馅料

◁ 将糯米洗干净，在清水里泡一个晚上。

▽▽ 比较硬的馅料如花生，洗干净后要浸泡一个晚上；软的如蜜枣，浸泡一两个小时就够了。

剪掉

3 煮粽叶

把浸泡一夜的粽叶放进开水里煮几分钟，捞出后放到温水里。

4 包粽子

▶ 把粽叶弯曲成"小漏斗"形状，一层糯米，一层馅料，层层叠加放入"小漏斗"中。

"扎紧！这样煮的时候才不会散掉哟。"

填满小漏斗后，盖上一片粽叶，再用一根绳子把"小漏斗"紧紧缠住。

煮粽子

往锅里加水，要漫过粽子哟。开大火煮3个小时之后关火，让粽子继续在锅里焖2个小时。

"水至少要漫过粽子10厘米。"

一个月饼的诞生

月饼，又称丰收饼、团圆饼等，是中国汉族传统美食之一。它最初是用来拜祭"月神"的供品。如今，吃月饼和赏月是中国各地过中秋节时不可或缺的习俗。

月饼象征着大团圆，人们把它当作节日食品，用它祭月、赠送亲友。月饼还与各地饮食习俗相融合，又发展出了广式、晋式、京式、滇式等月饼，受到老百姓的喜爱。

如今，月饼越来越精致了，但不变的是节日里一家团圆的幸福。

月饼的制作过程

◀ 调制糖浆。用0.5千克水将1千克白糖煮开，糖浆放凉后，等待糖浆的转化（2周时间）。

制作面皮

"噢哟，动作小一点呀。"

▷ 调制面团。把转化糖浆、其他调料和面粉放入调粉机，做成软硬适中的面团。

"工作中也应该美美的！"

◀◀◀◀ 再将面团搓成长条形，切成大小均匀的剂子，用擀面杖摊成面皮。

27

调制馅料

把糖粉、油以及各种辅料放入调粉机中，搅拌均匀后，加入熟面粉继续搅拌，直到食材充分融合，馅料就做好了。

"太重了啦！"

包馅

◁ 把调好的馅料放到月饼成型机中。

▷▷ 给月饼成型机输入机器指令，一个皮薄馅多、造型漂亮的月饼生坯（pī）就完成了！

4 烘烤

烘烤时间要根据月饼生坯的大小做调整。烘烤时间长，饼皮易破裂；烘烤时间短，饼皮易收缩、离壳。

广式月饼，在180℃的条件下烤15分钟。

鲜肉月饼，在180℃的条件下烤30分钟。

5 放凉、包装

为保护造型，延长月饼的保质时间，月饼要凉透后才能包装保存。

风味十足的腊肉

　　为了让肉存放得更久，我们聪明的祖先想出了一个办法，将腌（yān）制过的肉进行晾晒或者熏（xūn）制，做成干肉，也就是腊肉。

　　腊肉发展至今，已有几千年的历史，它在四川、湖南和广东一带很流行。不同地方的人做腊肉会用到不同的食材，常见的有猪肉、牛肉。此外，各地因气候、环境和制作工艺的不同，做出来的腊肉也会产生独特的口感和风味。

开始之前，我们先来认识浑身是宝的猪。

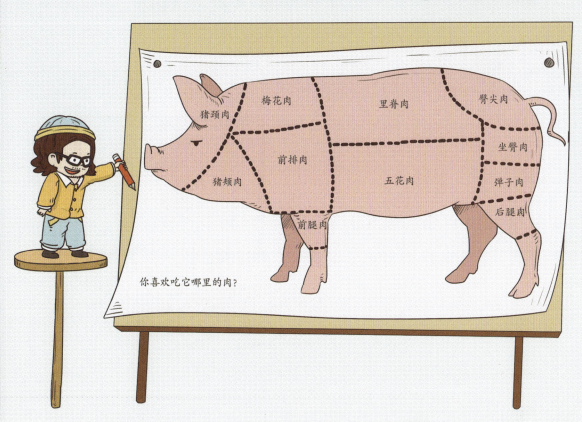

猪颈肉　梅花肉　里脊肉　臀尖肉

前排肉　坐臀肉

猪颊肉　五花肉　弹子肉

后腿肉

前腿肉

你喜欢吃它哪里的肉？

准备原料

准备好肥瘦适中的五花肉，切成条状。

2 穿线

在五花肉上扎一个洞，穿上棉线，系上一个可以让肉挂起来的钩子。

"同志们加把劲儿呀，嘿呀哈哈！"

3 干燥

把盐均匀地涂抹在肉上，挂到阴凉通风处，直到表面变得干燥。

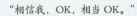

"相信我，OK，相当 OK。"

4 腌制

肉晾干后放到大盆里，加入生抽、糖、白酒等腌制一段时间。

▽▽ 把腌制好的肉挂在阴凉处风干，12小时后重复一次前面腌制的步骤。

知名腊肉

广式腊肉：以腊腩条最闻名，用猪的肋条肉做原料，经腌制、烘烤而成。

湖南腊肉：也称三湘腊肉，选用皮薄、肉嫩、体重适宜的宁乡猪肉为原料，经切条、配制辅料、腌渍、洗盐、晾干和熏制6道工序加工而成。

四川腊肉：将肉切成5厘米宽的条状，再经腌渍、洗晾、烘制而成。

此外，除了腊猪肉，人们还会做腊鱼、腊鸡、腊鸭等。

"腊肉跟很多蔬菜都可以搭配，味道棒极啦！"

5 风干

把经过二次腌制后的肉挂到阴凉处继续风干，2—3天后腊肉就做好了。

馅料多多的肉夹馍

　　肉夹馍是中国陕西传统特色食物之一，意为"肉馅的夹馍"。它实际是两种食物的绝妙组合：腊汁肉和白吉馍。

　　据记载，在战国时期，腊汁肉被称为"寒肉"。腊汁肉的做法是：选用上等硬肋肉，用盐、姜、葱、草果、枇杷、桂皮、冰糖等 20 多种调料汤煮而成。

　　把馍掰开加食材的吃法，就叫夹馍。除了肉夹馍、菜夹馍，还有大油夹馍、辣子夹馍等。

炖五花肉

☲ 选择肥瘦适中的带皮五花肉，洗干净后切成块，放进锅里焯水。

☳ 再把大葱洗干净切成葱段，生姜切片，跟花椒、八角、桂皮等香料放进卤料袋中。

"剁剁剁！"

‖▶ 然后在锅中放入清水，加入焯过水的五花肉和卤料袋，大火烧开后改为小火慢炖。

"想吃……"

 **和面**

▷ 先在面粉中加入水、酵母、食用碱（jiǎn）和适量的油和成面团，和好后发酵。

◁◁ 面团发酵好后再反复揉按，并将其分成大小均匀的小面团。

◁◁◁ 接着把小面团揉按成长条状，用擀面杖擀平，从一端卷起，卷成圆筒状。

烤馍

"烤面饼时'碗口'要朝上。"

三 将圆筒形的面团竖着放到案板
上按扁，用擀面杖擀成小圆饼，
四周向上捏起，做成碗状。

三三 把面饼放到炉子上烤，翻面饼时把
面饼按平，烤到两面都出现明显的
金黄色烙（lào）痕，馍就做好了。

夹肉

剁碎炖肉，用刀将烤好的馍从一
侧横向切开，把碎肉夹到馍里面，
香喷喷的肉夹馍就做好了。

"累了，睡醒继续吃！"

"点"出来的豆腐

　　白白嫩嫩的豆腐，吃起来香香软软的，还富含营养，是我们的家常菜之一。

　　可是在古代，豆腐居然是炼制"仙丹"的材料！传说，西汉时期的淮南王刘安在炼制丹药的时候，误将炼丹用的石膏放入热腾腾的豆浆中，从此发明了豆腐。五代时期，豆腐已经成了老百姓喜欢的食物。到了宋代，这种美食更是传到了日本。

　　我们一起来看看豆腐是怎样"点"出来的吧！

动手"点"豆腐啦

百变的黄豆

用豆子做成的食品还有很多，比如香喷喷的豆浆、又脆又嫩的豆芽，还有可以给菜增添风味的豆豉（chǐ）。2014年，"豆腐传统制作技艺"入选中国第四批国家级非物质文化遗产代表性项目名录，"豆腐"这一神奇的中国美食开始在商业价值之外，被赋予了更多的文化内涵和传承意义。

1 黄豆去皮

将颗粒饱满的黄豆放进脱皮机里去皮，然后清洗干净。

2 磨豆浆

再将黄豆浸泡一晚，加水磨成生豆浆。

煮浆

用大锅将生豆浆煮熟，
捞出豆浆表面的泡沫。

"真香呀，浓浓的豆子的香味。"

过滤

将熟豆浆倒进过滤豆浆的机器中，
过滤掉豆渣（zhā）。

盐卤

"点"豆腐

在豆浆中加入盐卤（lǔ）
或石膏制成的卤水，搅拌
均匀，使豆浆慢慢凝固。

成型

把凝结的豆腐脑放进模具当中，用机器固定成型。

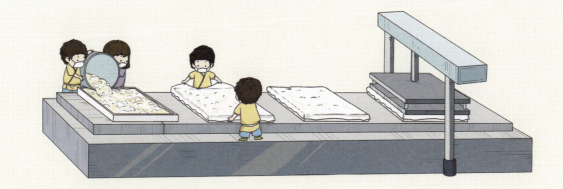

包装

将豆腐从模具里取出，切成大小相同的
方块进行包装。这样豆腐就做好了！

酸甜开胃的糖葫芦

　　酸酸甜甜的糖葫芦，看上去简简单单，背后还有一段传奇故事呢。

　　南宋绍熙年间，宋光宗最宠爱的黄贵妃得病，吃了很多贵重药品也没好起来，皇帝只好向民间求医。一位江湖郎中进宫给贵妃诊断后说："只要把红果（山楂）用冰糖煎熬，每顿饭前吃五至十枚，不出半月病准见好。"按方将养一段时间后，贵妃的病果然好转，皇帝大喜。

　　之后，这种做法传到民间，老百姓把裹上糖浆的山楂串起来，就成了今天常吃的糖葫芦。

一起做糖葫芦吧

1 清洗

挑选形状均匀的山楂，去掉根蒂（dì），清洗干净。

2 去核

山楂拦腰切开，去掉中间的核。

3 串签

将两瓣山楂对合起来，用竹签穿成一串。

"熬糖浆时不能搅拌。"

4 熬糖浆

把白糖和水按 2 : 1 的比例熬制成糖浆，糖浆熬至金黄透明色时最佳。

不粘牙的糖葫芦怎么做?

制作糖葫芦时，要想让它有咬起来嘎嘣脆，完全不粘牙的效果，熬糖浆是最关键的。熬糖浆时可以用筷子分辨浓稠度是否合适。如果用筷子挑起糖浆，看到轻微拉丝，就立刻关火，将其浇在糖葫芦上；否则，糖浆就会变得又干又硬，不能继续制作。

5 裹糖浆

将串好的山楂放到锅里，蘸（zhàn）上一层薄薄的糖浆。

放凉成型

把蘸好糖浆的山楂放到涂了油的盘子上，放置2—3分钟后，糖葫芦就做好啦！

多种口味

大功告成！除了山楂，还能用其他水果做"糖葫芦"，比如奇异果、橙子、草莓等。

五彩粗粮面条

　　面条的故事要从"面条帝国"——中国说起。

　　面条在中国已有 4000 多年的历史，最初，所有面食统称为饼，其中在汤中煮熟的叫"汤饼"。古代的中国食品卫生条件较差，比起其他食品，煮熟的面条更为干净，因此面条成为中国最常见的食品之一。如今，面条有各种各样的做法，很多地方都有自己的特色面。

　　面条的做法简单，家家户户几乎都能自己做面条，不如就做一碗美味的五彩粗粮面条吧。

1 准备蔬菜

准备紫薯一个、胡萝卜一根、菠菜一把、南瓜一块、西红柿两个。

将蔬菜洗干净，分别用料理机榨（zhà）成汁或泥，并装在不同的碗里。

"榨汁时要加少量水。"

2 准备面团

把面粉分成 5 份，按比例加入 5 种蔬菜泥或蔬菜汁，用筷子搅拌，将面粉搅拌成絮（xù）状。

用手揉面团，不需要加水。揉成团后，过10分钟再揉一揉，增加面团的弹性。

压面

将面团切成比较厚的面片，把厚面片放到压面机上压。压的过程中注意调挡，直到面片变得光滑轻薄。

 切面

将压面机上的压面零件换成切面零件。把各种颜色的薄面片一一放到机器中，细细长长的面条就制作出来了。

水引饼

在中国，最早的面条叫作"饼"或"汤饼"。1400多年前的《齐民要术》中记有"水引饼"的做法："细绢筛面，以成调肉臛汁，待冷溲之。水引，挼如箸大，一尺一断，盘中盛水浸。宜以手临铛上，挼令薄如韭叶，逐沸煮。"

"撒上干面粉，面条就不会粘（zhān）在一起。"

最后，把不同颜色的面条整齐地放在盘子上，彩色手工面条就可以下锅啦！

49

百味之首·食盐

　　盐，百味之首，是我们生活中不可或缺的调味品。

　　据记载，早在商周时期，人们就发现在食物中加入有咸味的卤水，会变得更好吃。这种卤水就是海盐水或井盐水。周朝之后，粗盐被提炼出来，这种粗盐其实含有不少杂质。直到唐朝后期，随着提炼技术的发展，细盐才出现。

　　古时候没有先进的器械，人们只能采取人工晒盐的方法制盐，我们称之为"盐田法"。

食盐

海水

盐田

纳潮

选择日照充足的地方修建盐田，
把海水积存到盐田中。

结晶盐

卤水

盐有哪几种？

　　古时的盐种类繁多，从颜色上分有
雪花盐、桃花盐、青盐、紫红盐等；从
出处上分，海盐由海卤煎炼而成，井盐
取自井卤，碱盐则是刮取于碱土，池盐
出自池卤风干，崖盐则生于土崖之间。

　　海盐、井盐、碱盐三者属于人工盐，
池盐和崖盐是纯天然的盐。

2 制卤

海水蒸发后，盐浓度达到一定时，
就会变成卤水。

51

3 结晶

将卤水继续日晒蒸发，
得到的结晶就是原盐。

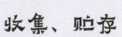

"嘿呀！再坚持一会儿。"

4 清洗、过滤

将原盐用卤水反复冲洗晾干后，
粗盐就制成了。

"大盐块可以腌很多腊肉的样子。"

5 收集、贮存

将粗盐压制成大盐块，放到
干燥的地方贮存起来。

"哟嚯～～"

打磨、装袋

用打磨机将盐块磨成粉末后装进袋子里，我们日常所吃的食盐就做好了！

两种现代制盐法

一、电渗析法制盐

由于海水淡化工业的发展，在海水淡化的过程中会产生大量含盐量高的"母液"，将其过滤之后进行电渗析浓缩，经蒸发结晶得到食盐。

具体工序：1. 将海水引入过滤器中，过滤出干净的海水；2. 在电渗析器中，海水里的离子产生定向迁移，达到海水淡化的目的；3. 让电渗析后的卤水流入蒸发结晶器，得到食盐。

二、冷冻法制盐

这是高纬度的国家采用的一种生产海盐的方法。结冰的海水中所含的盐分非常少，因此当海水结冰后，把冰去除，剩下含盐量高的卤水就可以制盐了。

百搭的 辣椒酱

　　提到辣椒酱，你是口水直流，还是捂住鼻子呢？能吃辣的小伙伴，吃什么都要放一点辣椒酱。用它拌面，真香！用它炒菜，好吃！一瓶小小的辣椒酱，就是这么百搭。

　　辣椒其实是明代才从美洲经海路传入中国的，一开始被当作药物。到了清代，江西、湖南、贵州、四川等地开始种植辣椒，辣椒酱也逐渐被老百姓接受，成为中国人餐桌上常见的调味品。各个地方的辣椒酱因原料和制作方法的不同而各具特色。

开始做辣椒酱

准备原料

▶ 准备好红辣椒、盐、大蒜、生姜、花生、
芝麻油、高粱酒、红曲酒、中药等原料。
红辣椒洗干净晾干，掐（qiā）掉根部。
接着用盐、香味剂腌制红辣椒。

"小心辣眼睛。"

◀◀ 把腌制好的辣椒放到机器中磨碎备用。

▶▶▶ 将花生仁放到焙炒机里炒熟，
去皮磨成酱。

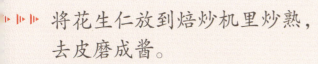

开始制酱

▽▽▽▽ 剥蒜、洗生姜，做备用调料。

▷▶ 将磨碎的辣椒倒入升降式夹层锅内，加入纯净水，搅拌均匀。

▷▶▷▶ 然后往辣椒酱中加入甜面酱、砂糖、味精，这会让辣椒酱更具鲜味哟！

◁▏◁▏◁▏ 接着倒入芝麻油和之前磨好的花生酱，搅拌均匀。这两样食材可以增加辣椒酱的香味，延长辣椒酱的保质期。

最后依次加入精盐、生姜、大蒜调味，再加入高粱酒、红曲酒、特制中药进行搅拌。

装罐贴标

将辣椒酱倒入消过毒的玻璃罐中，最后封罐、贴标，辣椒酱就可以出厂啦！

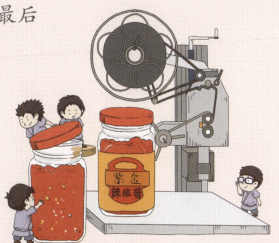

如何酿造白酒

　　白酒是中国特有的一种蒸馏(liú)酒。据记载，蒙古人在西征时从阿拉伯地区带回了蒸馏器，从此便开启了酿造白酒的历史。虽然白酒的历史只有四五百年，但它却是我们的国粹，因为其制曲和固态发酵的酿造工艺独一无二，几乎可以说是全世界仅此一家。

　　白酒的酒质清澈，气味芳香，除了直接饮用，还能用来烹饪、镇痛、去腥(xīng)、除腻(nì)。我们来看看白酒的酿造工艺吧!

1 选料

严格选取原料：高粱、小麦、大米、糯米、玉米，并按比例进行混合。

2 粉碎原料

将配制好的原料搅拌均匀，倒入粉碎机中粉碎至没有整粒。

3 蒸糠（kāng）

▷ 糠壳是调整酸度、水分和淀粉含量的最佳材料，在发酵和蒸煮糠壳的过程中会生成甲醇和糠醛（quán）等物质。

把糠壳放入锅中蒸煮，这样可去除其中的杂味和异味。注意蒸糠时间不能少于 30 分钟，蒸好后放凉备用。

"啊！火太大了！"

"酒仙"李白

在古诗词中，酒扮演着一个不可或缺的角色，很多文人都写过关于酒的诗词。如果要选出一个其作品与酒结合最密切、最完美的文人，那非李白莫属。他不但喜欢饮酒，还喜欢写酒，传唱千古的《将进酒》至今仍激励着无数人。

4 开窖（jiào）

将发酵期满（粮糟窖的发酵期为 70 天）的窖除掉封泥，取粮糟（zāo）蒸酒。

配料、搅拌和润粮

此过程要做到三准确、两均匀。

"可以说是非常精准了。"

三准确：配料准确、配糟准确、配糠准确。

两均匀：拌粮均匀（做到无灰包、疙瘩等）、拌糠均匀。

注意

上甑（zèng）

上甑（蒸锅）前要先检查锅底的水是否干净，水量是否符合要求。操作时蒸锅要盖紧，不能跑气。

"我可是专业的品酒师。"

蒸馏摘酒

蒸馏时要掌握缓火流酒、大火蒸粮的原则。摘酒时，用感官判断酒质，按酒质将酒分为调味酒和优级酒，按级入库。

▶ 出甑前先关气阀（fá），取下弯管，揭开甑盖，将糟醅（pēi）运到晾糟床附近。

◀|◀ |◀

用小吊车将甑吊至晾糟床附近，打开蒸锅底，将糟醅均匀地铺到晾床上进行摊晾。

出甑摊晾

入窖

"嘿呀，用力踩！"

二

糟醅入窖前必须将窖池清扫干净，并撒上适量的曲粉。

入窖后要进行踩窖，然后找5个测温点，插上温度计，检查后做好记录。最后将粮糟踩紧并封盖好。入窖后要注意定期清窖，及时修补裂口。

出窖包装

出窖蒸酒后产生酒头、酒尾和成品白酒。最后将成品白酒进行入库、勾兑、包装。

传统美食小知识

各种各样的食用油

　　煎、炸、炒、炖都需要用油。有了油的滋润，食材会变得更有光泽，吃起来更香。在市场上挑选食用油时，我们会看到花生油、芝麻油、菜籽油等各种各样的食用油。因为原料来源广，植物油比动物油更常见。

品　种	原　料	特　点
花生油	花生	含有 80% 人体不可缺少的不饱和脂肪酸，容易被人体吸收。香味浓，非常适合炒菜。
芝麻油	芝麻	含有丰富的维生素 E、亚油酸，有浓郁的炒芝麻香味，是一种日常生活中常用的调味品。
玉米油	玉米胚芽	不含有胆固醇，有着降低心脑血管疾病发病率的功效。适合快速煎炸和烹炒食物，可以让食材保持原有色。
菜籽油	油菜籽	菜籽油具有一定的软化血管、延缓衰老的功效。不过它味道大，较适合炸食物，且上色漂亮。
橄榄油	油橄榄	满足人体营养需求，具有良好的保健和美容功效。用途广泛，煎炸、烘焙都可以。
大豆油	大豆	能降低胆固醇，对预防心脑血管疾病有一定的功效。炒菜时油烟大，所以更适合用来调馅料。

　　市场上还有一种调和油，它由两种以上经过精炼的油脂按比例调配制成。一般选用精炼花生油、菜籽油、大豆油等为主要原料，人们可根据食用需要选购。

五谷丰登，是指哪五谷呢？

主要的说法有两种，最初指麻、黍、稷、麦、菽，后来指稻、黍、稷、麦、菽。

中国古代的经济文化中心在北方的黄河流域，而水稻的主要产地在南方，所以"五谷"中最初没有水稻。

品　种	生长区域	特　点
稻	南方是主要的水稻产区。	稻对土壤的要求不高，所以除南方外，北方各省也有种植。它可以做成很多中华传统美食，如米皮、年糕、锅巴等。
黍（shǔ）	东北平原、华北平原、黄土高原等。	黍俗称黄米，因为它耐旱、耐瘠且生长期短，所以在古代的北方种植比较多。黍可以酿酒、做糕点。
稷（jì）	西北、东北、华北、西南、华南等地。	有谷子、高粱、不黏的黍三种说法。古代以稷为百谷之长，因此帝王奉它为"谷神"。"社稷"就是指土神和谷神。
麦	以小麦为例，北方的农村地区广泛种植着小麦。	有小麦、大麦、燕麦等种类。小麦加工成面粉后，可以制成各种面食，发酵后还可以酿酒，甚至做饲料。其植株可做燃料。
菽（shū）	豆子的栽种遍布世界各地。	菽是豆类的总称，品种非常多，常见的有大豆、红豆、绿豆等十几种。豆制品有较高的营养价值，口感也比较好。